Conserver la couverture

LE CURÉ DE LIBAROS (Foraste)

Lettres extraites de « la République des Hautes-Pyrénées ».

LIBAROS. — Libaros est un coquet hameau disséminé sur la croupe d'une verdoyante colline à laquelle le blond Phœbus, dès son réveil, adresse ses premiers sourires.

Libaros a joui, jusqu'ici, du plus grand honneur qui puisse arriver à une honnête femme. Libaros n'a jamais fait parler de lui.

Mais les Libarossiens et les Libarossiennes n'ont pas que la réputation d'être honnêtes : ces braves villageois ont toujours été vertueux, et quand on fut toujours vertueux on aime à voir lever l'aurore.

Rien donc que de très naturel à ce qu'à Libaros la messe du dimanche soit célébrée dès 5 heures 1/2 du matin.

Mais ce que Libarossiens et Libarossiennes n'ont pas trouvé du tout naturel, dimanche 21 août, c'est de ne point voir ce jour-là leur pasteur à son poste, je veux dire à son autel, à l'heure accoutumée.

On patiente d'abord jusqu'à 5 h. 3/4 ; à 6 heures, on s'impatiente ; à 6 h. 1/4 on murmure ; et quand, à 6 h. 1/2, le pasteur fit son entrée à l'église, ses ouailles commentaient si haut le motif de ce retard inaccoutumé, que le bruit en est venu jusqu'aux bureaux de la *République*, bruit qu'en fidèle écho je renvoie à chacun de mes lecteurs.

M. le curé de Libaros, lanterne d'une main, plume et écritoire de l'autre, avait passé la nuit à courir chez tous ses paroissiens, effaçant sur leur bulletin de vote le nom du rédacteur de la *Gironde* pour y substituer celui de l'amiral suisse.

L'agent électoral s'était ensuite endormi si tard le samedi, que le pasteur n'avait pu se réveiller de bonne heure le dimanche.

Au moment de mettre sous presse, j'apprends que l'*Ere nouvelle* ouvre une souscription publique pour offrir à M. le curé de Libaros un bon réveille-matin, afin qu'aux prochaines élections l'agent électoral et le pasteur ne se nuisent plus réciproquement.

—

Libaros, le 28 août 1881.

Monsieur le Rédacteur,

Merci de l'envoi du numéro d'aujourd'hui. Votre correspondant fantaisiste a surpris votre bonne foi. Je viens de lire, en effet, un récit tout-à-fait mensonger sur mon compte. Il ment quand il affirme que la messe se célèbre à Libaros à 5 heures 1/2. Six heures, voilà l'heure réglementaire dans tout le diocèse ; et souvent à Libaros, à cause du grand éloignement des maisons, nous ne pouvons la commencer qu'à 6 heures 1/2. Il ment quand il dit que je ne suis entré à l'église qu'à 6 heures 1/2. Il ment quand il affirme que j'ai couru la nuit entière pour rayer le nom de M. Ténot. J'ai dormi tranquille, comptant sur la majorité qu'a eue M. Lartigue, dans ma paroisse. Et si j'avais vu tous mes paroissiens, il eût été très probable que les 27 voix de M. Ténot auraient été réduites à 4 ou 5.

Au reste, ne suis-je pas libre en temps de liberté ? Citoyen français et payant plus d'impositions peut-être que votre correspondant, qu'en style peu poli j'ai traité forcément de menteur, ne pourrai-je pas faire le centième de ce qu'il se permet ?

La messe, à laquelle il n'assiste jamais, a été, dit-on, un obstacle à sa propagande. Je m'en réjouis.

Et que viennent faire les ponts et les routes et mairies au moment de l'ouverture du scrutin ?

Que viennent faire tous ces agents courant de porte en porte avec ce haut et comédien personnage du canton ? Ah ! c'est que ses actes ne suffisent plus ! Il faut, à lui et à ses fonctionnaires, des emplois plus lucratifs. Et, pour leur intérêt privé, ils sacrifient tout et se permettent tout. Et le curé, qu'ils ont provoqué en lui attribuant d'avance une propagande qu'ils redoutaient, ne sera pas libre ?

C'est assez d'avoir traité de menteur votre correspondant, évidemment dépité de l'élection de Libaros.

Après cela, je dois ajouter que je n'ai besoin d'aucune souscription pour me procurer un réveille-matin. Je craindrais qu'il ne fût aussi détraqué que la boussole de votre correspondant, qui l'avance à plaisir.

Je l'ai traité de menteur : dans le même style, je le traite de lâche, puisqu'il n'ose pas signer ses mensonges.

Recevez, Monsieur le Rédacteur, l'expression de ma reconnaissance de me les avoir envoyés par votre journal. Vous aurez la même loyauté en y ajoutant ma réponse.

Je suis votre serviteur.

FORASTÉ, curé de Libaros.

Voici une troisième lettre adressée de Libaros à la *République des Hautes-Pyrénées :*

Monsieur le Rédacteur,

Vraiment, M. l'abbé Forasté n'est pas encore content. Il aime le bruit et la réclame, et sa bonhomie apparente, son air emmitouflé, en un mot ce bloc enfariné *ne disent rien qui vaille.*

Après avoir fait dernièrement de la propagande anti-républicaine, après avoir prêché la guerre contre le gouvernement de la République, après avoir divisé des citoyens paisibles dans une localité où il n'est pas même électeur, après s'être arrogé le droit de faire, quand bon lui semble, la pluie et le beau temps, il cherche aujourd'hui à semer la discorde dans les familles.

Savez-vous les monstruosités qu'il a débitées en chaire dimanche dernier, 11 du courant? Je vous le donne en mille.

En un langage ordurier qui dépasse de cent coudées son style peu poli et dont un échantillon a paru dans le numéro de votre précieux journal, il a parlé, pendant un long quart d'heure, de *scandales*, d'*adultères*, de *concubinages*, etc., commis dans sa paroisse : « Epoux, surveillez vos épouses ; épouses, surveillez » vos époux. Vous donnez le scandale à vos enfants, » etc., etc. »

Je le demande, que doivent penser les jeunes gens, que doivent penser les jeunes filles, que doivent penser les enfants qui ont entendu ces extravagances répétées aux deux messes? Quel respect peuvent-ils avoir pour leurs parents?

A quelque point de vue que l'on se place, M. l'abbé Forasté est coupable : coupable, s'il a violé les secrets de la confession, et, dans ce cas, il a forfait à son ministère, c'est un confesseur indigne ; coupable encore, s'il a été le porte-voix de rapports mensongers, calomniateurs, puisés dans ces sources empoisonnées, infectes, qu'on appelle bigotisme.

Il y a malheureusement dans l'entourage de M. l'abbé Forasté des voyantes, des visionnaires nerveuses et malades, à la façon de celle de Sainte-Marie-de-Campan, qui prennent des vessies pour des lanternes.

On dit tout bas que cet entourage forme un comité de surveillance dont le curé est le chef. Ce serait la loi des suspects en permanence, qu'il est important de rompre à tout prix.

Ainsi, Monsieur l'abbé, au lieu de paroles de paix, d'union, de concorde, vous êtes venu nous apporter des paroles de haine, de discorde, de méfiance, de désunion !

Vous avez sapé, vous avez détruit l'autorité paternelle !

Dès aujourd'hui, l'époux qui travaille aux champs sous les ardeurs du soleil, tandis que vous êtes à l'ombre, est en droit, à son retour, de suspecter la fidélité de son épouse ; l'épouse, de suspecter la fidélité de son époux !

Monsieur le curé, les Libarossiens et les Libarossiennes ne sont pas contents de vous ! Vous les avez calomniés publiquement, vous les avez insultés grossièrement ! C'est vous qui êtes venu faire du scandale, comme auparavant vous en aviez fait à Vignec ! Votre bouche est venue souffler les orages, les vents et les tempêtes ! Souvenez-vous des Vignecquois, qui vous ont chassé ! Souvenez-vous du charivari en règle qu'ils vous ont fait ! N'aurait-il pas eu pour résultat immédiat de détraquer votre *boussole ?*

Libaros, Libaros, réveille-toi et debout ! Souviens-toi que tu as été outragé par ton pasteur dans la personne des pères et mères de famille, et scandalisé dans la personne de tes enfants.

Voilà, ô Libaros, la récompense qu'il t'accorde au lendemain d'une élection où, pour complaire à sa haine, à son ressentiment, on vota en aveugles pour le candidat réactionnaire, M. Lartigue !

Vous avez traité votre paroisse trop cavalièrement, Monsieur le curé ; serait-ce pour détourner je ne sais quels soupçons qui pèsent sur vous ?

Vous auriez dû vous souvenir de cette parole de l'Evangile : « *Que celui qui est sans péché lui jette la* » *première pierre !* »

Dans les mêmes offices, vous avez dit aussi en ricanant : « *Mes frères, vous avez lu dans les journaux* » *une polémique qui me concerne. Soyez sans inquié-* » *tude. N'ayez pas plus de crainte que je n'en ai* » *moi-même. J'ai encore des ongles, des griffes pour* » *me défendre !* »

Et d'abord, Monsieur le curé, vos paroissiens ne s'inquiètent nullement de vous. Personne, à Libaros, ne vous a demandé, et vous feriez vos malles aujourd'hui qu'ils n'en seraient pas fâchés. En second lieu, vous vous croyez bien cuirassé, invulnérable. Des personnages aussi haut placés que vous sont tombés, et, en terminant, je vous engage à méditer la fable du *Chêne et du Roseau* de notre bon fabuliste La Fontaine.

—

Voici la réponse de M. le curé Forasté :

Libaros, 2 octobre 1881.

Monsieur le Rédacteur,

Quand quelqu'un est descendu assez bas pour oser écrire des insinuations calomnieuses comme celles qui se trouvent à mon adresse dans les numéros des 27 août dernier et 14 et 24 du mois écoulé de votre journal, il devrait avoir le triste courage de les signer, afin qu'il ne *fut (sic)* pas possible de se méprendre sur leur origine.

Je regrette que, malgré ma réponse insérée dans votre journal du 5 septembre dernier, mes adversaires s'obstinent à se dissimuler, et qu'ils continuent à me calomnier grossièrement, toujours sous le couvert de l'anonyme. Cette manière d'agir est particulière à mes *laches (sic)* adversaires, que je livre au mépris public.

On m'assure qu'un tabellion de Galan est le coauteur des articles calomnieux dirigés contre moi. Il est certain qu'il est descendu jusqu'à jouer le *role (sic)* odieux de compère, et qu'il a colporté de maison en maison un article au moins identique au dernier paru, et cela plusieurs jours avant qu'il *n'a (sic)* été publié par le presse. Ce qu'il y a de certain encore, c'est qu'il n'a cessé de déclamer à mes paroissiens les mêmes aménités calomnieuses avant leur impression.

Je suis fatigué d'être plus longtemps à la découverte *(sic)* (1) d'adversaires si déloyaux. Je les abandonne à leur mauvais génie *(sic)*.

Veuillez, Monsieur le Rédacteur, insérer *in extenso* ma lettre dans le plus prochain numéro de votre

---

(1) L'*Ere nouvelle* a imprimé : « Je suis fatigué d'être à la recherche » plus longtemps »......

journal. Je désire que vous soyez un peu plus impartial que lorsque vous avez imprimé ma lettre du 28 août dernier. Pas de suppressions ni de commentaires ; je n'ai pas à discuter avec vous. Ne recevant pas votre journal, je n'ai pu répondre plustôt *(sic)*.

J'ai l'honneur d'être, Monsieur le Rédacteur, votre serviteur.

FORASTÉ, *prêtre, curé de Libaros.*

A MONSIEUR FORASTÉ, CURÉ DE LIBAROS :

Monsieur,

Si je n'ai pas répondu à votre lettre du 5 septembre à la *République*, vous le devez à l'intervention de deux membres les plus vénérés du clergé de notre diocèse, et pour lesquels je professe la plus profonde estime. Vos nouvelles injures m'imposent le devoir de me départir de ma réserve, et de relever immédiatement les termes violents et mensongers de vos deux lettres à la *République* et à l'*Ere nouvelle*.

Dans la première, sous un travestissement qui n'est pas le mien, mais bien le vôtre, vous m'avez pris à partie, et vous avez si bien voulu me désigner, que personne, dans mon canton, ne s'est mépris sur le sens et sur la portée de vos allusions grossières. Vous avez dû être satisfait.

Est-ce à dire que vous avez été approuvé par vos supérieurs, par la plupart de vos collègues, par les honnêtes gens de votre commune et des environs ? Bien s'en faut : les uns, comme votre doyen, vous ont vivement blâmé ; les autres vous ont fait comprendre combien vos attaques étaient inqualifiables, et combien vous avez perdu une belle occasion de garder le silence.

Vous avez su, le 18 septembre, d'une manière certaine, que je n'étais pas l'auteur de l'article du 27 août. J'avais donc le droit d'attendre de vous une réparation. J'ai voulu mettre de mon côté les bons procédés. J'ai prié M. le curé de Galan de vous la demander. Tout autre prêtre, j'en suis assuré, aurait eu la loyauté de me l'accorder. Dans votre sot orgueil, vous avez résisté aux sages conseils qui vous ont été donnés, vous m'avez refusé la rétractation que vous me devez. C'est ainsi que vous mettez en pratique la morale que vous prêchez.

Ce n'est pas tout.

Le 2 octobre, vous vous rendez coupable envers moi d'une nouvelle infamie, en me faisant passer dans les journaux de Tarbes pour le co-auteur du deuxième article dirigé contre vous, lorsque vous savez aussi, de source certaine, que j'y suis complètement étranger, que cet écrit a été composé pendant mon séjour à Cauterets, que je n'y ai nullement collaboré, qu'au contraire j'ai fait mon possible, pendant cinq ou six jours, pour en empêcher la publication. Si vous en voulez la preuve, je la tiens à votre disposition.

Vous voudriez, curé de Libaros, donner aujourd'hui le change et me faire jouer un rôle qui n'est pas dans mon caractère ? Vous vous trompez. Ceux qui me connaissent savent que j'ai le courage de mes actes et que, si j'avais été l'auteur des lettres qui ne vous ont si fort blessé que parce que les faits qui y sont rappelés sont de la plus rigoureuse exactitude, je les eusse signées.

Eh bien ! abbé Forasté, j'ai le droit, en ce moment, de vous renvoyer les épithètes grossières que vous nous adressez, et de vous dire : « Le calomniateur, le lâche, le menteur, c'est vous, vous qui, après avoir commis une mauvaise action, n'avez pas le courage de la réparer, vous qui continuez à m'insulter dans les journaux, vous qui, sachant que c'est faux, me reprochez de me faire le compère de l'auteur des lettres qui vous démasquent, qui m'accusez encore d'avoir « colporté de maison en maison un article du moins » identique au dernier paru, et cela plusieurs jours » avant qu'il n'ait été publié par la presse, etc., etc. »

Curé de Libaros, je donne à ces assertions, mises en avant par vous dans l'intérêt d'une cause que vous avez perdue, un démenti formel. Quel prêtre êtes-vous donc ?

Lorsque, comme vous, on a laissé dans les divers postes où vous êtes passé des souvenirs si peu flatteurs, on n'a pas le droit d'engager une polémique comme celle que vous entamez. Imprudent ! songez aux armes que vous avez fournies à vos adversaires. Elles sont dangereuses.

Ce n'est pas par de gros mots vides de sens, par des injures, que l'on répond à des arguments aussi précis, à des faits aussi graves que ceux qui sont mis à votre charge par les auteurs des diverses lettres publiées contre vous.

Croyez-moi, laissez le tabellion de Galan à ses actes, il n'a que faire de vos calomnies. Contentez-vous de cultiver les roses que Jean de Vignec vous reproche d'aimer avec trop d'affection.

CASTETS

TARBES. — J.-A. LESCAMELA, IMPRIMEUR DE LA PRÉFECTURE.

www.ingramcontent.com/pod-product-compliance
Lightning Source LLC
Chambersburg PA
CBHW070541050426
42451CB00013B/3121